Saluda ist tot.

Transparenz III – Finca Saludada

Nun geht es doch tiefer als es geplant war

Saluda

Einleitung

Terroristen

Arabischer Text, den ich nicht überprüfen kann

La chanson d'Azur et Asmar

Das Lied von Azur und Asmar

Krieg

Blut und Opfer

Guten Abend, gut' Nacht

Carpe diem!

Ort und Immobiles

Das fand ich:

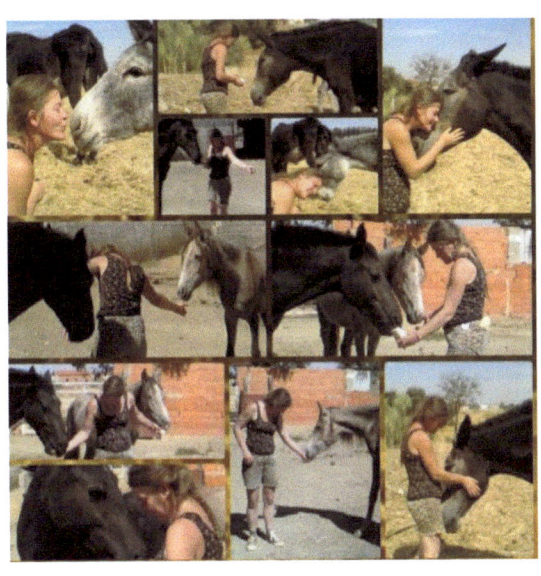

Ressourcen der Finca Saludada

Mein Aufenthalt auf der Finca Saludada

Aspekte meiner Ausbildung, die hier wichtig sind

Ansprechen, Antworten, Regelmäßigkeit, Zuverlässigkeit, Fördern und Fordern

So arbeitete ich mit Nikita und Macarena

Angebote

Aktueller Stand

BIENVENIDA

Nun geht es doch tiefer als es geplant war

Saluda

Geboren am 01.01.1990 wurde Saluda in Spanien/Extremadura.
Gestorben ist sie am 16.10.2016 in Spanien/Eselhof.

Am 16.10.2016 um 14:26 Uhr
wurde von Die mit den Eseln spricht eine Kerze entzündet.
Eine ganz Große ist von uns gegangen!

Saluda war ein mächtiges Maultier, das
ihr ganzes Leben lang harte Arbeit verrichten
und viel durchmachen musste.

Auf meinem Eselhof verbrachte sie 2 wunderbare
Monate voller Liebe zwischen vielen Freunden.

Sie ist ohne Vorwarnung ganz plötzlich von uns
gegangen.

Wir trauern unendlich! Ihre blinde Freundin ist
nun ganz allein und orientierungslos

Bitte zündet für beide eine Kerze an, ich würde
mich sehr darüber freuen.

Komm gut ins Eselparadies, meine Große

von Heike Krempoli

Einleitung

Salve!

In der Extremadura in Spanien entsteht ein salutogener Hof.

Eine gemischte Herde aus Maultieren, Eseln und Pferden macht beobachtbar und spürbar wie Zusammenleben harmonisch funktionieren kann. Die hohe Sozialkompetenz der Tiere birgt zudem einen großen Schatz für den Menschen.

Die erste Reise dorthin

Am 13.09.2016 um etwa 12 Uhr fuhr mich Schlesie zum Flughafen.

Am Tag davor hatte ich noch ein sehr intensives siebenstündiges Gespräch mit Jessica Badziong mit Aufarbeitung, Singen, Heulen...

Ich packte meinen Rucksack halb voll, band mir meine Wolljacke um die Hüfte und los ging´s zum Flughafen Köln/ Bonn.

In der Wartehalle am Gate schrieb ich dann jedem meiner Kinder den ersten Brief. Verabschieden konnte ich mich nur von Krassimir und Kaya. Von Merja nicht.

Um ca. 14 Uhr ging es dann ins Flugzeug von Ryanair.
Ich habe keine Flugangst... ich saß am Fenster... und wer setzt sich neben mich?

Terroristen

Zwei arabischsprechende Männer. Terroristen? Aber nein. Mein Handyklingelton ist ein arabisch- und französischsprachiges Lied: Souad Massi „La Berceuse dÁzur et Asmar"

Arabischer Text kann leider nicht abgedruckt werden.

La chanson d'Azur et Asmar

Un petit garçon deviendra grand
Il franchira les océans, éteindra les incendies (1)
Il sauvera la fée des djinns, et tous les deux seront heureux

Je suis fière de mon fils qui rit et joue sur mes genoux (2)
Je suis fière de mon fils qui est plus précieux que ma propre vie
Il joue et court dans la cour et illumine notre vie comme le jour
Je lui raconte des histoires jusqu'à l'aube

Nous avons entendu beaucoup d'histoires depuis hier
Et tant que tu vivras, rappelle-toi ô humain
Et tant que tu vivras, rappelle-toi ô humain
Chaque histoire a une histoire, un sens, une chronologie(3)

Je te conseil mon fils de n'être trompé par aucun homme
Rien ne vaut la pureté, la bienveillance et la charité
Tu ne peux ouvrir et fermer une porte sans que tu trouves la vraie voie
Chaque question a une réponse

Ich hatte nur ein halbes Jahr Französischunterricht... Google übersetzt das etwa so:

Das Lied von Azur und Asmar

Ein kleiner Junge wächst
Er wird die Ozeane aus Feuer überqueren
Er wird die Fee Dschinn retten, und beide sind glücklich

Ich bin stolz auf meinen Sohn, der lacht und spielt auf die Knie
Ich bin stolz auf meinen Sohn, der mehr wert ist als mein eigenes Leben
Er spielt und kurz im Hof und beleuchtet unser Leben wie am ersten Tag
Ich erzähle ihm, Geschichten bis zum Morgengrauen

Wir haben viele Geschichten von gestern gehört
Und solange Sie leben, erinnern menschlichen O
Und solange Sie leben, erinnern menschlichen O
Jede Geschichte hat eine Geschichte, eine Bedeutung, eine Chronologie

Ich empfehle Ihnen, mein Sohn, nicht von einem Mann betrogen zu werden
Nichts geht über die Reinheit, Güte und Liebe
Sie können eine Tür öffnen und zu schließen, ohne dass Sie den wahren Weg finden
Jede Frage hat eine Antwort

Dazu möchte ich noch ergänzen, dass die Sängerin im Film zwei Söhne hat.

Einmal ist sie leibliche Mutter. Einmal ist sie Amme.

Beide nennen sie „Mutter".

Von den Arabern haben wir die Mathematik und auch die Kaffeetasse.

Von den Franzosen Freiheit, Gleichheit und Brüderlichkeit.

Ich kann dafür dankbar sein.

Krieg

Ich habe in meinem ersten Buch „Frieden" bewusst nicht den Krieg erwähnt. Darüber hat schon mal jemand ein Buch geschrieben und der war viel größer als ich.

Im Buch des Großen geht es um Weltpolitik, Herrschaft und auch wieder im Kleinen um Familien – um Einzelpersonen. Um Tod.

Meine älteste Tochter hat ihren Namen wegen der Großfürstin Anastasia.

Anastasia war die jüngste Tochter des letzten russischen Kaiserpaares.

Sie und ihre Familie wurde (wahrscheinlich) von den Bolschewiki ermordet.

Die Bolschewiki erkläre ich jetzt mal einfach kurz als „die Mehrheit/ das Volk".

Was können wir den Russen verdanken?

Blut und Opfer

Nun danke ich den Franzosen aber nicht nur für Ihre Freiheit, Brüderlichkeit und Gleichheit. Ich danke ihnen dafür, dass sie klar und brutal anschaulich und weltöffentlich gemacht haben, dass diese großen Werte missbraucht wurden und in ihrem Namen viele – viel zu viele – Menschen, Kinder, Väter und Mütter brutal ermordet wurden! Es gab eine blutige Revolution!

Der große Freud konnte sich dieses M y s t e r i u m nur mit einem unglaublich mächtigen Trieb, den wir einfach in uns haben, erklären.

Seine Tochter Anna widmete sich mehr den Kindern. Den Beziehungen, der Liebe, aber auch den Verletzungen und der Pathogenese. Zwei Beispiele sind „Pavor Nocturnus" und „Bronchitis". Gibt´s leider nicht im Internet... da muss man in die Bibliothek.

„Es gibt noch immer keine eindeutige und monokausale Erklärung für das Zustandekommen von Aggressionen, aber viele Spekulationen wie etwa die, daß "homo homini lupus"" (`http://www.schleibinger.com/waffe0/node66.html` (`root Sat Aug 19 17:12:38 CEST 2000`))

Nee, es gibt auch keine m o n o kausa le Erklärung.

Oder doch? Wo ist Mona?

(Siehe bitte „Transparenz II" und „Transparenz VI")

Antworten, Geschenke, das GANZE gibt es allerdings schon! Es ist überall zu finden, wenn man es finden will! Jeder EINzelne muss es finden wollen und die GEMEINschaft.

Das ist gemein!

Das gemeine Volk.

Vulgarität.

In jedem einzelnen Wort kann es zu finden sein, wenn man gewillt ist, sich GANZ – voll und ganz darauf einzulassen. Hineinzuspüren in sich selbst, seine Familie, die Märchen und Gedichte und die „ew´gen Weltgeschichten"

Das vollständige Einlassen ist ein Tod.
In Beziehung gehen ist ein Tod.
Jedes Zubettgehen ist ein Tod.
Jedes Weinen ist ein Tod.

Immer ist es die Frage, ob man den Mut hat, sich GANZ hinzugeben.

Ob man ganz und tief weinen kann...
Ob man ganz und tief schlafen kann:

Guten Abend, gut' Nacht

Guten Abend, gut' Nacht,
mit Rosen bedacht,
mit Näglein besteckt,
schlupf unter die Deck:
Morgen früh, wenn Gott will,
wirst du wieder geweckt.

(Von Achim von Arnim und
Clemens Brentano herausgegeben)

Und, wenn Gott will, erwachst du dann wieder zu einem neuen Tag.

Carpe diem!

Kaum ein Besserer als der Tod führt uns unglaublicherweise zum wahren Leben: Kennt ihr das, dass Sterbende kurz vor ihrem Tod noch einmal ihr Leben resümieren... darüber nachdenken, welche Fehler sie gemacht haben, aber auch darüber nachdenken, was sie alles nicht gemacht haben... was sie nicht gewagt haben... was sie verpasst haben....

Weiterhin versuchen sie kurz vor ihrem Tod, sich endlich von ihren Steinen und Sünden zu entlasten... zu beichten....

Warum erst kurz vor dem Tod? Warum nicht bereits im Leben – hier auf Erden?

Auf der Finca Saludada werden die Besucher dazu befähigt.

Carpe diem!
Hier geht es also um „Krieg und Frieden". Und auch um den Tod.
Es geht um das Leben. Das Preisen des Lebendigen.
Es geht um Salutogenese.
Und Saluda ist tot.

Ich schreibe dieses Buch in tiefer Trauer. Jedoch auch ganz tief unten, ganz nah bei mir selbst. Der Tod und das Weinen haben mich in meinen Schmerz – den aktuellen und länger zurückliegenden Schmerz – geführt.

Ich nehme diesen Schmerz aber an und berühre ihn, sehe ihn mir an. So bleibe ich im Fluss, Konflikte und Wunden verklumpen und versteinern nicht, sondern sie bleiben belebt und fließen und lassen meine Kreativität und Kraft sprudeln.

Gesund.

Das letzte Video, dass wir für die Finca Saludada gemacht haben schließt mit den ersten und den letzten Zeilen von Goethes Seliger Sehnsucht. Er spricht die Gemeinheit an Goethe fordert mehr... ich möchte einladen, eine Entscheidung zu treffen: Sünde und De**via**nz oder ein guter Weg und Tugend?

Ich schreibe es so: ganz klein:

        sagt es niemand
        nur den weisen
        da die menge gleich verhöhnet

        das lebend´ge will ich preisen

        und solang du das nicht hast
        dieses
        stirb und werde
        bist du nur ein trüber gast auf dieser
        dunklen
        erde

Im Flugzeug habe ich an Merja gedacht.... „Über den Wolken...." (Reinhard Mey)

Abtrennung

Halber Mensch

Mysterien

Zauber

Musik

Reime

Lösung

Aufräumen und putzen

Bei meiner Wiederankunft in Deutschland am 01.10.2016 (Samstag) um ca. 18 Uhr konnte ich wieder nur Krassimir und Kaya begrüßen.
Merja war wieder nicht da, obwohl ich dem Vater früh genug Bescheid gegben und über meine jeweiligen Stationen informiert habe.

Als ich ankam, stand er mit angewinkelten, in die Hüfte gestemmten, Armen in der Tür und meinte zu mir, dass es ihm nicht passe, dass ich käme.

Dabei sind Abschied und Begrüßung doch so wichtig. Basal.

Mein Rucksack war nun voll. Geschenke für die Kinder haben ihn gefüllt.
Merja und Kaya bekamen eine Fächer. Krassimir ein Buch.

Am Sonntag um 10 Uhr kamen dann alle drei Kinder zu mir nach Hause. Merja brachte ihren blauen Fächer mit. Wir verbrachten knapp zwei Tage zusammen... erzählten und zeigten jeweils... aber es blieb natürlich noch ganz viel offen.... 21 Tage kann man nicht in zwei Tage fassen.... Am Dienstag kamen sie dann für drei Stunden.

Am 03.10. hatte Isabel Geburtstag.

Seit dem 04.10.2016 habe ich Merja nun quasi nicht mehr gesehen.

In den Herbstferien waren also nur Kaya und Krassimir eine Woche bei mir. Eine Woche waren sie beim Vater. Am Sonntag wurden sie gegen 18 Uhr dazu abgeholt. Am Dienstag nach den Ferien hatten sie in der Küche jeder einen Tisch aufgestellt, dort Waren präsentiert, mit Preisschildern versehen und gehandelt.... die stehen hier noch und sehen es noch genau so aus wie zu dem Zeitpunkt als die Kinder mein Haus verlassen haben.

Damit bleibt für mich das Leben meiner Kinder hier präsent.

Lassen und vertrauen.

Alles, was da ist, darf da sein.

Wenn es noch da ist, ist es wichtig.

Wenn es fertig bearbeitet ist, wird es von alleine aufgeräumt.

Meine Kinder können aufräumen. Alle drei. Jeweils in ihrem eigenen Tempo und nach ihren eigenen Bedürfnissen. Ich lasse das.

Ich vertraue.

Und ich sehe: Es ist gut.

Anonymität: Nix

Habe gerade eben ein anonymes Geschenk erhalten: Ein breiter, langer Umschlag aus schönem, strukturiertem, festen Papier, zwei Blumenbriefmarken darauf: eine „richtig", eine kopfüber aufgeklebt. Darüber der Poststempel.

Darin eine aus transparentem Kunstoff gefertigte Hülle mit weißem blumenornamentalem Rand und in jeweils der Ecke links unten und rechts oben noch zwei größere schwungvolle Ornamente in Regenbogenfarben/ holographisch.

Darin ein angeknitterter unsorgfältig „zurecht-" geschnittener Zeitungsausschnitt: Auf der Rückseite ein Foto mit zwei Wölfen zu sehen. Darüber in rot „POLITIK" gedruckt. Datum: „Montag, 26. September 20"

Auf der Vorderseite: „**Die Armut** unter den Jüngsten nimmt zu

Wenn Kinder sich verlassen fühlen

Lehrerinnen und Erzieherinnen haben im Ruhgebiet jeden Tag mit Kinderarmut zu tun.
Vielen Jungen und Mädchen fehlt es weniger an Geld als an Aufmerksamkeit"

Darüber geklebt:

„Langzeitarbeitslosigkeit der Eltern hält Kinder in Hartz IV
Anstieg hat aber auch statistische Gründe: Erhöhung der Sätze erweitert den Kreis und hält kinderreiche Familien im System"

Seiten und Zahlen

Wie auch mein erstes Buch „Transparenz I - Frieden" und „Transparenz II – Winterlicht" hat auch dieses Buch keine Seitenzahlen.

Wenn nicht mehr Zahlen und Figuren

Wenn nicht mehr Zahlen und Figuren
Sind Schlüssel aller Kreaturen
Wenn die, so singen oder küssen,
Mehr als die Tiefgelehrten wissen,
Wenn sich die Welt ins freye Leben
Und in die Welt wird zurück begeben,
Wenn dann sich wieder Licht und Schatten
Zu ächter Klarheit werden gatten,
Und man in Mährchen und Gedichten
Erkennt die wahren Weltgeschichten,
Dann fliegt vor Einem geheimen Wort
Das ganze verkehrte Wesen fort.

Das ist von Novalis und Novalis war Mathematiker (und mehr).

Ort und Immobiles

Sind jetzt nicht wichtig.

Die Finca Saludada ist Luft.

Sie ist Wind.

Sie ist Meer.

Mona.

Ich war da.

Und ich nehme sie überall hin mit und kann sie überall bauen.

Das fand ich:

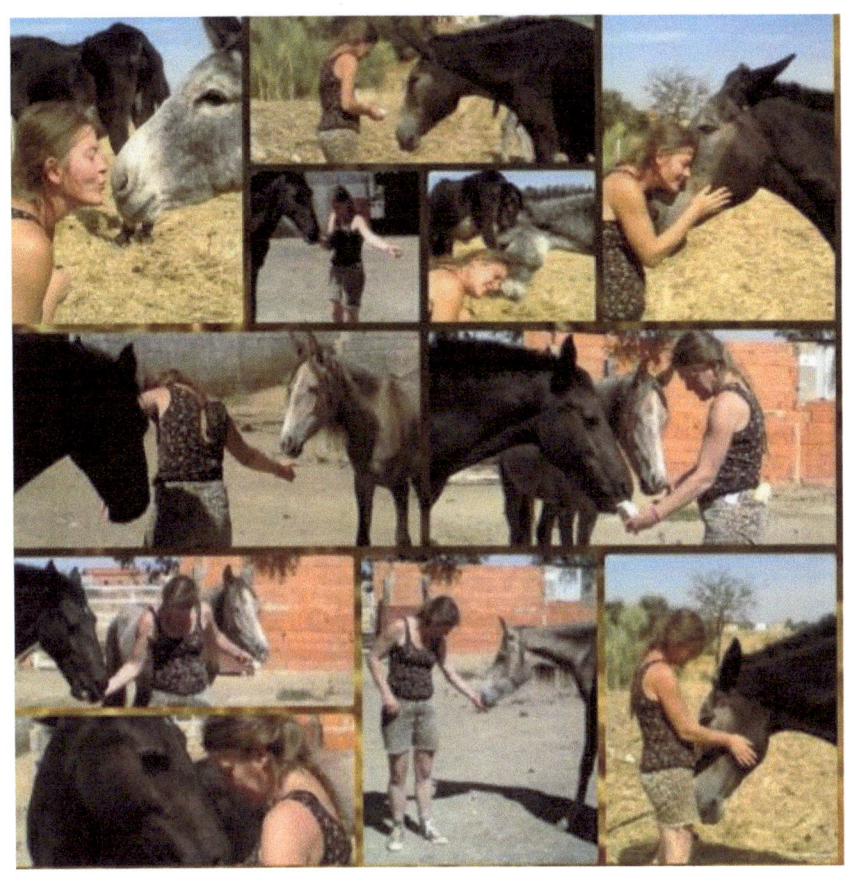

Ressourcen der Finca Saludada

Lebewesen:

Zwei Maultierstuten, zwei Eselhengste, zwei Pferdestuten, zwei Pferdewallache, 13 Hunde, 5 Katzen, ein Hamster und auch Eidechsen und Libellen... und einige Menschen...

Ja, es bleiben zwei Maultierstuten. Jedes Jahr soll ein Baubericht erscheinen.

Der Hof:

Eine große und eine riesengroße Weide, ein großer und zwei kleine Ställe, zwei große Ausläufe, die sich Maultiere, Esel und Mulis teilen, zwei Ausläufe für die Hunde, ein Auslauf für die Katzen.

Ein privates Wohnhaus, unser "Hotel" mit eigener Einfahrt und Parkplätzen, mit Entree, Kaminzimmer, Familienzimmer, Doppelbettzimmern mit drei dazugehörigem weiteren Ausläufen für Tiere, Kinderspielplatz, Swimmingpool.

Ausblick:

Freier Ausblick auf die Landschaft der Extremadura und das nahegelegene Dorf mit dazugehörigem Berg von den Ställen und vom zweiten Tor aus.

Lage

Die Finca Saludada liegt einsam bei einem Dorf in der Nähe von Caceres in der Extremadura in Spanien.

Anbindung

Das Dorf ist zu Fuß von unserem zweiten Tor aus über einen sehr schönen Weg durch die Natur in 4 Kilometern Entfernung erreichbar.

Das Dorf ist über die Straße mit dem Auto in 14 Kilometern erreichbar.

Caceres ist mit dem Auto in einer knappen Stunde Fahrt erreichbar.

Madrid ist mit dem Auto in etwa 5 Stunden erreichbar.

Mein Aufenthalt auf der Finca Saludada

Am Abend des 14. Septembers kam ich auf der Finca Saludada an.
Es wurde schon dunkel.

Heike und ich begrüßen uns tief und herzlich, wir aßen zusammen und wir sprachen die halbe Nacht miteinander.
Der Mond schien hell und die Sterne waren so vielzählig und klar.

Am Morgen fing ich dann an, die ersten Tiere mitzuversorgen und lernte die ersten kennen...

Es waren zwanzig ganz intensive Tage. Tagebuch habe ich nicht geführt.
Täglich lernte ich mehr kennen... und kam bis zum Ende mit fast allen Lebewesen in eine gute, teils sogar, sehr tiefe und feste Verbindung.

Dabei achtete ich auf Lebensgeschichte, Persönlichkeit und aktuelle Bedürfnisse a l l e r Lebewesen.

Mit Saluda war sehr schnell eine sehr tiefe und enge Verbindung möglich.

Vela, die blinde Maultierstute, musste immer mal wieder zu Saluda zurückgeführt werden, wenn sie sich verirrt hatte.

Saluda versorgte ich auch eine Woche lang täglich medizinisch.

Louie und Abanico (was übrigens sowohl „Fächer" als auch „Fan" bedeutet) kamen zum Knutschen und ließen sich von mir ganz artig zu dem Ziel treiben, wo sie jeweils hin sollten.

Wenn sie unter den Eukalyptusbäumen standen und deutlich zu sehen war, dass sie gerne einige Blätter haben wollen würden, halfen Heike und ich ihnen und pflückten welche für sie.

Um den Hengst, Gringo, kümmerte ich mich wenig. Er brauchte mich nur einmal dringend, um klar in seine Schranken gewiesen zu werden.

Den Wallach Fhylip ritt ich am ersten Nachmittag nach seiner Ankunft ohne Sattel und nur mit Halfter und zwei Führstricken und auch am Folgetag. Erst auf dem Gelände und kurz auf im Freien. An Fhylip wurde sehr deutlich, wie sehr die Psyche Einfluss auf unsere Gesundheit und auch unser Erscheiungsbild hat: nur 13 Tage war er ohne seinen langen Kumpan „Silencio". Heike hat Fotos veröffentlicht, wie er ein wunderschöner weißer, starker Wallach war. Nach 13 Tagen hatte er viele Wunden, keine Mähne mehr... Kraft hatte er immer noch, aber seine Oberfläche war deutlich angekratzt und geschunden.

Am meisten beschäftigte ich mich mit den Stuten Nikita und Macarena.

Ich sage: Sie waren beide nicht zahm.

Nun kommt es darauf an, was man unter „zahm" versteht.

Ich beschreibe mal:

Beide Stuten sind noch jung. Beide Stuten konnten dem Menschen nicht wirklich folgen. Die Stuten konnten auch untereinander nicht führen und folgen.

Nikita ist sehr sensibel und zurückhaltend, kennt kaum etwas von der Welt, hatte, bevor sie zu Heike kam, viel zu wenig Raum und Bewegung.

Macarena ist eine kräftige, stolze Stute. Sie kann aber auch weder führen noch folgen. Sie biss und tritt nach Menschen und auch nach Nikita.
Macarena wurde von Menschen geschlagen bevor sie zu Heike kam.

Entweder stritten sich die beiden (bzw. wurde Nikita von Macarena malträtiert) oder sie standen zusammen in einer Ecke des Auslaufs und fraßen Stroh oder standen einfach nur dort in der Ecke.

Nikita konnte sich dabei immerhin entspannen und einen Huf entlasten.

Macarena war stets unter Anspannung.

Aspekte meiner Ausbildung, die hier wichtig sind

Im Alter von sieben Jahren fing alles an. Da traf ich mit meiner Freundin Davina zusammen auf einem nahegelegenen Feld zwei Reiterinnen auf Ponies ohne Sattel, die so freundlich waren, uns einfach mit rauf zu nehmen.

Das war wunderbar!

Obwohl wir ja gar nicht reiten konnten, kamen wir sofort in den Genuss auch des Trabens und Galloppierens... einfach so.

Danach hatte ich mehrere Pflegeponies, besuchte auch eine Reitschule, „juckelte" aber vor allem lustig durch die Gegend.

In meiner Jugend pflegte ich dann zusammen mit Nadine Tunierpferde. Springen und Dressur.

In Oer-Erkenschwick startete ich mit einer Reitbeteiligung einer sehr naturnah gehaltenen Herde, übernahm aber auch immer mehr Pflege.
Mit Pflege meine ich hier sowohl die Pferdepflege wie auch die Gestaltung der Weide in Form von Anpflanzen von Kräutern und anderen Pflanzen, setzen von Zäunen etc..
Hier beobachtete ich viel. Sah mit das Herdenverhalten und Führungsvarianten an...

Hier entstand die Idee für de Bildungs- und Begegnungsraum am ehemaligen Gesundheitshaus!

Ich kenne sowohl Dülmener Wildpferde oder Isländer wie auch Juckelponies.
Ebenso kenne ich die Schule und auch den Leistungssport.

(Auch ich war mal im Leichtathletik-Kader.)
(Kognitive Leistungskurse hatte ich auf dem Gymnasium.)

Ich bin sprachbegabt.

Naja, und ich bin eben auch Staatlich Anerkannte Erzieherin mit 1,6, habe ein wenig Soziale Arbeit studiert und darf mich, seit ich Genesungsbegleiterin geworden bin, Expertin aus Erfahrung nennen.

Und vor allem bin ich Mutter.

Bin Familienmitglied. Auch Herdentier.

Ansprechen, Antworten, Regelmäßigkeit, Zuverlässigkeit, Fördern und Fordern

Das Ziel ist: Eine salutogene, also (für den Menschen) gesundheitserzeugende, Herde.

Dazu muss jedes einzelne Tier befähigt werden, führen und folgen zu können.

>Die Tiere müssen
>klar befähigt werden,
>auf jeden einzelnen Menschen angemessen
>reagieren zu können und
>keinen Schaden zu verursachen.
>
>Dafür müssen die Tiere also
>sehr intensiv
>gebildet werden.
>Sie müssen zur Achtsamkeit
>(sich selbst und anderen gegenüber)
>befähigt werden,
>ihre Wahrnehmung muss differenziert
>educiert werden.
>Ihre Fähigkeiten müssen educiert werden,
>individuelle Neigungen gefördert werden,
>zur Impulskontrolle
>muss befähigt werden,
>Gefahrenkompetenz
>muss aufgebaut
>werden...

Den Menschen können wir dafür dort abholen, wo er steht.

Zunächst kam ich ja einfach, um Nikita zu besuchen und Heike zu unterstützen. Mit den Tieren richtig gearbeitet habe ich zuerst nicht für die Finca Saludada, sondern für meine eigene Unversehtheit, denn ich habe ja schließlich drei Kinder und wollte heile wieder nach Hause kommen.

Eigentlich wollte ich nur Nikita und Macarena zur Gemeinschaft befähigen.

Im Rahmen der Arbeit und des immer weiter werdenden Wirkungsraums entstand aber dann schließlich die
Vision Finca Saludada.
Also einer großen, gemischten salutogenen Herde!

So arbeitete ich mit Nikita und Macarena:

Erst nahm ich die beiden mit ihrer Persönlichkeit, ihren Fähikgeiten, aber auch mit ihrer Geschichte und mit ihren Wunden wahr und erspürte ihre Bedürfnisse.

Dann begann ich damit, Nikita und Macarena regelmäßig und zuverässig mit Futter und Wasser zu versorgen. Damit baute ich Vertrauen und Kontakt auf.

Ich wahrte aber immer die angemessene Distanz und beachtete ihre Sprache und Warnsignale zu meiner eigenen Sicherheit.

Weiterhin begleitete ich meine Aktivitäten mit Sprache, so dass sie auch mich kennenlernen konnten. Durch meine Ruhe, Regelmäßigkeit und Zuverlässigkeit konnte immer mehr Vertrauen aufgebaut und auch immer mehr Nähe zugelassen werden.

Ich arbeitete in vielerlei Hinsicht als Vorbild. Mit meiner Sprache, meiner Ruhe und Sicherheit, meinen Bewegungen. Dabei sprach ich mit Stimme und auch meinem Körper nicht nur „Menschlich", sondern auch „Pferdisch".

Glaubt es, oder glaubt es nicht: Nikita und Macarena ahmten das nach und fingen an zu sprechen!

Da Macarena Leitstute werden sollte, arbeitete ich vor allem mit ihr. Baute immer näheren Kontakt auf und leistete schließlich Körper- und Kraftarbeit. Ich streichelte und massierte jedes Körperteil und schulte so Macarenas Eigenwahrnehmung wie auch Selbst- und Fremdwirkung von Kraft... Entspannung und Leistung.

Fotos und Videos liegen noch in Spanien... es wird aber zu sehen sein, dass Macarena in der Lage war, sich v o l l s t ä n d i g zu entspannen.

Raumnehmen und Bewegungsarten brachte ich beiden auch bei. Bei diesem Video lacht sich Vivi kaputt! :) Tja, ich kann mich eben auch „zum Affen" machen. :)

Um Führen- und Folgenkönnen ging es natürlich auch ganz konkret: Folgen konnten sie relativ schnell.   **Ziel war es aber, sie nicht von mir abhängig zu machen, sondern dass Macarena und Nikita sich g e m e i n s a m treiben lassen würden.**

Dieses Ziel wurde erreicht und ist das letzte Video mit den beiden.

Diese **Angebote** soll es geben:

Urlaub und Freizeit

Erleben Sie die bereichernde Landschaft der Extremadura und unseren salutogenen Hof mit seinen wertvollen Ressourcen!

Beobachten Sie unsere Tiere und nehmen Sie Kontakt auf!
Genießen Sie die wohltuende Atmosphäre der Finca Saludada!
Erkunden Sie die wertvolle Landschaft und die Lebewesen - Haustiere, Wildtiere und Menschen - der Extremadura!

Arbeitsort Finca Saludada

Nutzen Sie die inspirierende und leistungssteigernde Wirkung der Finca Saludada für
künstlerische Tätigkeiten
Verfassen einer Doktor- oder Diplomarbeit
Schreiben eines Buches
Kreation von Konzepten
Biologische, psychologische, soziologische Forschung
Bildung
Selbstverwirklichung

Übernachtungsmöglichkeiten

Doppelzimmer
Familienzimmer
Schlafen überdacht auf Stroh

Führungsseminare

Intensivkurse

Weiterhin habe ich schon die erste Anfrage für die Ausbildung eines Pferdes....

Aktueller Stand

Heike versorgt die Tiere und versucht die erreichten Ergebnisse zu erhalten.

Das ist schon eine ganze, ganze Menge Arbeit!

Ich baue hier in Deutschland meine Selbstständigkeit auf und aus.

Berate und begleite aber auch Heike von Deutschland aus.

Des Weiteren helfe ich mit, dass Heike gut mit all den Lebewesen über den Winter kommt.

Etwa im Frühling 2017 geht der Aufbau der Finca Saludada weiter.

Die Facebook-Seite wie auch dieses Buch sind eine Einladung an alle Interessierten, am Aufbau teilzuhaben und mitzuwirken. Dazu bitte einfach Kontakt mit mir aufnehmen!

BIENVENIDA

Kontakt: wischiwisch@gmail.com

Herstellung und Verlag:
BoD - Books on Demand, Norderstedt
ISBN 978-3-7412-9707-6